Gerhard Sälter

Gedenkstätte Berliner Mauer

Das Grenzregime im Zentrum Berlins

Die Reihe »Orte der Geschichte« wird herausgegeben von Martin Kaule.

Die Deutsche Nationalbibliothek verzeichnet diese Publikation in der Deutschen Nationalbibliografie; detaillierte bibliografische Daten sind im Internet über www.dnb.de abrufbar.

1. Auflage, Juni 2018
© Christoph Links Verlag GmbH
Schönhauser Allee 36, 10435 Berlin, Tel.: (030) 44 02 32-0
www.christoph-links-verlag.de; mail@christoph-links-verlag.de
Umschlagvorderseite: Gedenkstätte Berliner Mauer
(Stiftung Berliner Mauer, Fotograf: Jürgen Hohmuth);
Umschlagrückseite: Blick von der Bernauer Straße nach Ost-Berlin in die
Wolliner Straße, 28. August 1961 (Landesarchiv Berlin,
F Rep. 290-02 Nr. 0076316, Fotograf: Bernd Sass)
Lektorat: Jana Fröbel, Ch. Links Verlag
Karten: Berthold Weidner, Weidner Händle Atelier, Stuttgart
Satz: Eugen Bohnstedt, Ch. Links Verlag
Druck und Bindung: Westermann Druck, Zwickau

ISBN 978-3-86153-998-8

Inhalt

Einleitung

Als die Sozialistische Einheitspartei (SED) im August 1961 eine
Mauer zwischen West- und Ost-Berlin errichten ließ, die bald
die ganze westliche Halbstadt umschließen sollte, wurde die
Bernauer Straße weltberühmt. Journalisten strömten aus allen
Erdteilen in die Stadt, um das Ereignis zu dokumentieren. Wo
aber die Geschichten finden, um das Drama, das sich vor ihren
Augen abspielte, für ihre Leser, Zuhörer und Zuschauer verständlich zu machen? Die Bedeutung der Teilung für die Menschen beiderseits der Mauer lag in der Trennung voneinander, die
nicht einfach zu erzählen war. Ihre Geschichten und die zugehö-
rigen Bilder fanden die Journalisten an der Bernauer Straße.

In der bis dahin ruhigen Wohnstraße verlief die Grenze zwischen
Ost und West entlang der Häuserkante der Gebäude, die zum
Ostsektor, also zur DDR gehörten. Dadurch hatten ihre Bewohner bis 1961 freien Zugang zur Westhälfte Berlins gehabt. Unmit-
telbar nach dem Mauerbau hatten sie die besten Fluchtmöglichkeiten: Sie brauchten nur aus der Haustür zu treten. Die SED
ließ diese Wege schnell versperren, weshalb die Leute aus den
Fenstern sprangen und sich aus den Häusern abseilten. Damit
fanden Journalisten das Material, das den Fluchtdruck in
Ost-Berlin, die Maßnahmen der SED dagegen und die mit der
Flucht verbundene Gefahr anschaulich machte.

Als es um Berlin ruhiger wurde, blieb die Bernauer Straße ein
mit der Mauer verbundener Ort. Zahllose Touristen aus aller
Herren Länder kamen, und ungezählte Klassenreisen aus Westdeutschland führten dorthin, um einen Blick auf die Grenzanla-

Journalisten an der Mauer in der Bernauer Straße, 26. August 1961

gen zu werfen und vielleicht darüber hinaus in einen Teil der
Welt, der ihnen fremd war. Die Bernauer Straße wurde zu einem
Synonym für die Trostlosigkeit von Teilung und Mauer.
Die besondere topografische Situation ergab somit eine hohe Er-
eignisdichte, dem Interesse der Medien verdanken wir die Möglichkeit, die Geschehnisse zu dokumentieren. Das Grenzregime
war jedoch, den zentralistischen Vorgaben der SED folgend, das-
selbe wie an der gesamten Mauer. Da die Mitglieder der örtli-
chen Versöhnungsgemeinde – 28 Jahre geteilt und mit einer Kirche mitten im Grenzstreifen – sich nach dem Fall der Mauer
1989 der jüngsten Vergangenheit noch gut erinnerten, entstand
hier eine Initiative, durch die Teile der Mauer erhalten werden
konnten. Alles zusammen ermöglichte die Entstehung einer Gedenkstätte an der Bernauer Straße, die das Grenzregime der
DDR exemplarisch dokumentiert und veranschaulicht.

Die Bernauer Straße

Die Bernauer Straße wurde im Rahmen der Berliner Stadterweiterung im 19. Jahrhundert angelegt und 1862 fertiggestellt. Sie verdankt ihre Entstehung militärischen Zwecken, denn sie verband einen Exerzierplatz an ihrem östlichen Ende mit dem 1842 in Betrieb genommenen Stettiner Bahnhof (heute Nordbahnhof) im Westen. Die Stadt wuchs über sie hinweg. Südlich hatten sich seit dem 18. Jahrhundert mehrere Vorstädte an das alte Berlin angelagert, die langsam zu einem Stadtteil verschmolzen: dem Berliner Norden. Die Industrialisierung veränderte das Viertel. Während das Gebiet südlich der Bernauer Straße vom langsamen Stadtwachstum im 18. Jahrhundert geprägt war, entstand nördlich im 19. Jahrhundert ein Quartier, in dem Industrie und Arbeiterwohnungen dominierten. Heinrich Zille holte sich hier viele Anregungen. Berühmt wurde Meyers Hof, eine 1875 fertiggestellte fünfgeschossige Mietskaserne an der Ackerstraße, in deren Vorderhaus und sechs Quergebäuden zeitweilig bis zu 2000 Mieter gewohnt haben sollen.

Mit der Gründung der Gemeinde Groß-Berlin im Jahr 1920 wurde aus der Rosenthaler Vorstadt, dem Dorf Wedding und dem Stadtteil Gesundbrunnen der Stadtbezirk Wedding, in dem zu dieser Zeit bereits 350 000 Menschen lebten. Dort wohnten zumeist Arbeiter, die in den benachbarten Fabriken Beschäftigung und Lohn fanden, etwa bei der AEG. Sie drückten dem Bezirk ihren Stempel auf: Bis 1933 die Nationalsozialisten an die Macht kamen, hieß der Bezirk der »Rote Wedding«.

Als 1920 das neue Berlin entstand, wurden die Grenzen der

Stadtbezirke festgelegt. Da die Zuständigkeit für den Straßenbau und die Instandhaltung der Abwasserkanäle bei den Bezirken lag, verlief die Grenze zwischen ihnen oft nicht in der Straßenmitte, sondern entweder entlang der Bürgersteig- oder der Hauskante. Auf der Bernauer Straße verlief die 1938 begradigte Grenze zwischen dem (nördlichen) Bezirk Wedding und dem Bezirk Mitte entlang der Hauskante auf der südlichen Seite, sodass diese Gebäude zu Mitte gehörten. Das erlangte bei der Teilung Berlins Bedeutung.

Um sozialdemokratische und anarchistische »Umsturzideen« zu bekämpfen, setzte das deutsche Kaiserhaus auch auf die evangelische Kirche und ließ deshalb in den neuen Stadtvierteln Ende des

144. Berlin. Versöhnungs-Kirche.

Versöhnungskirche, Ansichtskarte, etwa 1900

19. Jahrhunderts zahlreiche Kirchen errichten und neue Gemeinden gründen. An der Bernauer Straße entstand die 1894 eingeweihte Versöhnungskirche. »Versöhnung« war hierbei politisch gedacht, als Integration der deklassierten Arbeiterbevölkerung in die von Adel und Bürgertum dominierte Monarchie. Diesen Bemühungen war wenig Erfolg beschieden, und der Wedding blieb bis 1933 »rot«, das heißt republikanisch, sozialdemokratisch oder kommunistisch.

Das Ende des Ersten Weltkriegs und die Weltwirtschaftskrise brachten neben Massenarbeitslosigkeit und politischer Radikalisierung in Berlin eine Verknappung des Wohnraums, eine Erhöhung der Mieten und eine intensive Auseinandersetzung um die Instandhaltung der Mietshäuser. Im Wedding begann 1932 ein Mietstreik, der erst endete, nachdem die Nationalsozialisten an die Macht gekommen waren. Diese hatten auch im Wedding langsam Fuß gefasst, und seit 1933 veränderten sie mit Verhaftungen und Umsiedlungen die politische und soziale Struktur des Viertels. Der Widerstand gegen sie war, wie im gesamten Reich, schwach und weitgehend wirkungslos. Der vom nationalsozialistischen Deutschland begonnene Weltkrieg kehrte sich in Form der Bombardements seit 1940 gegen seine Urheber. Auch an der Bernauer Straße wurden einige Gebäude zerstört. Die Versöhnungskirche war erheblich beschädigt, und der Stettiner Bahnhof lag weitgehend in Trümmern.

Im April 1945 nahmen sowjetische Streitkräfte Berlin ein und beendeten damit die nationalsozialistische Diktatur. Die Hauptstadt des untergegangenen Deutschen Reichs wurde zunächst allein vom sowjetischen Militär besetzt und regiert. Amerikaner und Briten rückten erst im Juli 1945 in die Stadt ein, die Franzosen noch später. Die Siegermächte hatten auf der Konferenz in Jalta im Februar 1945 die Stadt, die sie gemeinsam verwalten wollten, unter sich aufgeteilt: Die sowjetische Besatzungsmacht erhielt die östlichen Bezirke einschließlich des zentralen Bezirks Mitte, die Amerikaner die südlichen, die Briten den Westen und die im August 1945 einrückenden Franzosen die nördlichen Bezirke Reinickendorf und Wedding. Mit dieser Aufteilung des Stadtgebiets unter die vier Alliierten wurden die Bezirksgrenzen zu Grenzlinien zwischen den vier Sektoren, und an der Bernauer Straße verlief fortan die Grenze zwischen dem sowjetischen Bezirk Mitte und dem französischen Bezirk Wedding.

Die Teilung Berlins

Nach dem Zweiten Weltkrieg begann eine zunehmende Entfremdung der drei westlichen Siegermächte von der Sowjetunion die Geschicke der Welt zu bestimmen: Der Kalte Krieg zog herauf. In den USA setzten sich antikommunistische Kräfte durch, welche die Ausweitung des sowjetischen Machtbereichs eindämmen wollten. Konflikte um Einflusssphären führten zu einer Verhärtung der westlichen Haltung. Dabei schien die sowjetische Politik Ende der 1940er-Jahre nicht auf Expansion ausgerichtet gewesen zu sein, sondern konzentrierte sich auf die Konsolidierung der eroberten Gebiete. Allerdings irritierte die konsequente Sowjetisierung der Staaten Osteuropas mit den damit einhergehenden massiven Unrechtshandlungen auch unvoreingenommene westliche Politiker. Spätestens mit dem Beginn des Koreakriegs 1950 hatten sich klare Fronten gebildet.

Trotz der alliierten Meinungsverschiedenheiten über die gesellschaftliche Ordnung in Deutschland blieb es in Berlin zunächst weitgehend friedlich. In Ostdeutschland hatte, mit Förderung der sowjetischen Besatzungsmacht, die aus der KPD hervorgegangene SED eine führende Stellung erlangt. Seit 1949 errichtete sie in der DDR eine Diktatur. Im viergeteilten Berlin war jedoch die SPD bei den Wahlen 1946 zur weitaus stärksten Kraft geworden und sie war entschlossen, sich der SED entgegenzustellen. Diese hatte sich in der Berliner Verwaltung allerdings Schlüsselpositionen sichern können.

Zum ersten Konflikt um und in Berlin kam es, nachdem die USA mit britischer Unterstützung, aber ohne die Sowjetunion, im

Kohlenzuteilung in Reinickendorf, 1948. Jedem Berliner standen während der Blockade für den gesamten Winter 1948/49 12,5 Kilogramm Kohlen zu.

Frühjahr 1948 die Gründung eines separaten Weststaats durchgesetzt hatten, der Bundesrepublik Deutschland. Damit verbunden war eine im Juni 1948 durchgeführte Währungsreform, bei der in Westdeutschland – und in Berlin – die neue D-Mark eingeführt wurde. Den Konflikt darüber, ob sie nur in den drei Westsektoren oder auch im Ostsektor oder in Berlin gar nicht Währung werden sollte, nahm die Sowjetunion zum Anlass, um die gemeinsame Verwaltung der Stadt aufzukündigen. Im Juni verließ der sowjetische Vertreter die Alliierte Kommandantur, und wenige Tage später verhängte die sowjetische Besatzungsmacht eine Blockade: Die Zufahrtswege von Westdeutschland nach Berlin wurden am 22. Juni 1948 für den zivilen und militärischen Verkehr gesperrt. Die Westmächte begannen daraufhin,

SED-Anhänger stürmen das Neue Stadthaus in Berlin-Mitte, 6. September 1948

West-Berlin aus der Luft zu versorgen. Nachdem sich im Winter herausgestellt hatte, dass mit der Luftbrücke eine notdürftige, aber dauerhafte Versorgung sichergestellt werden konnte, lenkte die Sowjetunion ein und hob zum 12. Mai 1949 die Blockade auf. Während der Blockade fand in Berlin ein Machtkampf statt. Die SED versuchte in der Erwartung, dass die drei Westalliierten die Stadt bald verlassen müssten, die gewählte Stadtregierung zu verdrängen. Begleitet von einem Propagandafeldzug setzte sie die Abgeordneten und den Magistrat unter Druck. Von der SED mobilisierte Demonstranten störten oder verhinderten Sitzungen, und von ihr kontrollierte Polizeikräfte hinderten Abgeordnete am Betreten des Neuen Stadthauses, das im Ostsektor lag. Seit dem 20. November 1948 tagte der Magistrat deshalb im Westteil der

Stadt. Die SED und von ihr dominierte Organisationen setzten daraufhin am 30. November einen Magistrat für Ost-Berlin unter dem Oberbürgermeister Friedrich Ebert ein. Damit war die Verwaltung Berlins geteilt, und schrittweise entstanden Behörden für beide Teile der Stadt: Polizei, Feuerwehr und Verwaltung wurden in beiden Stadthälften neu aufgebaut. Es entstanden zwei unterschiedlich funktionierende Wirtschaftsgebiete in der Stadt. Bald danach begann die SED, Ost-Berlin zur Hauptstadt der am 7. Oktober 1949 gegründeten DDR auszubauen.

Trotz der Trennung der sich feindlich gegenüberstehenden Stadtregierungen blieb Berlin bis zum Mauerbau eine Stadt, und Berliner konnten die jeweils andere Stadthälfte zumeist ungehindert betreten. 500 000 Menschen sollen die Grenze in den 1950er-Jahren täglich in beide Richtungen überquert haben. Gleichzeitig reichte die politische Auseinandersetzung tief in die Gesellschaft der Stadt hinein. Ein Beispiel dafür ist ein Streik der Eisenbahner, der als »UGO-Streik« bekannt wurde. Nach der Einführung der D-Mark forderten die 15 600 Eisenbahner, die im Westen lebten, von der Reichsbahn, die von der SED kontrolliert wurde, einen Teil ihres Lohns in West-Mark zu bekommen. Die SED lehnte Verhandlungen mit der Unabhängigen Gewerkschaftsorganisation (UGO) jedoch ab. Nach monatelangen Bemühungen traten die Eisenbahner im Mai 1949 schließlich in den Streik. Die SED schickte Ost-Berliner Polizei und Streikbrecher auf die Bahnhöfe. Um mehrere Bahnhöfe in West-Berlin entbrannten bürgerkriegsähnliche Kämpfe. Am Bahnhof Zoologischer Garten, mitten in West-Berlin, kam ein Mann durch den Schuss eines Ost-Berliner Polizisten zu Tode. Schließlich schlichteten die Alliierten den Konflikt.

Ausweiskontrollen der Volkspolizei, Prinzenstraße in Kreuzberg, Juni 1953

Im Schatten der Blockade war ein besonderes Grenzregime in Berlin entstanden. Die sowjetische Besatzungsmacht hatte im April 1948 deutsche Polizeikräfte um Berlin zusammengezogen, um die Blockade abzusichern. Nach deren Ende wurden die Kontrollstellen beibehalten. Die SED zielte darauf ab, die Grenze zwischen West-Berlin und der DDR vollständig zu schließen, die innerstädtische Sektorengrenze mit Stichprobenkontrollen zu überwachen und die Grenze zwischen Ost-Berlin und der DDR, den »Ring um Berlin«, als vorgeschobene Systemgrenze zu behandeln. Zwar wurde das Konzept nie ganz umgesetzt, aber es führte dazu, dass Bürger der DDR, die ihre Hauptstadt besuchen wollten, sich Zoll- und Ausweiskontrollen unterziehen mussten. Das Grenzregime in Berlin forderte bereits Anfang 1949 das erste Todesopfer, insgesamt waren es bis 1961 mindestens 39.

Grenzopfer Theodor Schulz

Theodor Schulz war am 2. Juli 1953 nach West-Berlin geflohen, weil er an den Demonstrationen während des Juniaufstands in der DDR teilgenommen hatte und die Ost-Berliner Polizei ihn deswegen suchte. Er erhielt trotzdem in West-Berlin keine Anerkennung als politischer Flüchtling. Am 18. August 1953 wurde Schulz an der Bernauer Straße erschossen. Nach dem Aufstand ließ die SED die Grenzen zu West-Berlin beson-ders scharf überwachen. Als Schulz sich, aus Ost-Berlin kommend, der Kontrolle entziehen wollte, weil er befürchten musste, inhaftiert zu werden, und die Grenzlinie verlockend nah war, eröffneten DDR-Polizisten das Feuer auf ihn. Durch zwei Schüsse in den Kopf tödlich getroffen, sackte Schulz zusammen. Rund 500 empörte Berliner protestierten an der Grenze gegen die Brutalität der Volkspolizisten.

Titelblatt der West-Berliner Zeitung *Der Tag,* 19. August 1953

Der Mauerbau

Im November 1958 forderte der sowjetische Partei- und Staatschef Nikita S. Chruschtschow die drei Westmächte (USA, Großbritannien, Frankreich) auf, sich aus Berlin zurückzuziehen. West-Berlin sollte – ohne ihren militärischen Schutz, unter starkem Einfluss der SED – in eine »Freie Stadt« umgewandelt werden. Mit beiden deutschen Staaten sei ein Friedensvertrag abzuschließen, womit die Kontrolle über die Zufahrtswege und Flugrouten zwischen der Bundesrepublik und West-Berlin an die DDR übergehen sollte.

Die Sowjetunion wollte die Westmächte aus ihrem Machtbereich zurückdrängen und die Souveränität der DDR stärken. Mit einem Friedensvertrag würde diese die ihr bislang versagte internationale Anerkennung gewinnen, und mit der Kontrolle über die Verkehrswege würde die SED das Problem der Massenflucht – bis zum Mauerbau sollte etwa ein Sechstel der Bevölkerung die DDR verlassen haben – lösen. Damit gewänne sie an innerer Stabilität. Die Sowjetunion mag gleichzeitig den Wunsch gehegt haben, die USA und ihre Partner vor der Staatengemeinschaft als unzuverlässig hinzustellen und die NATO zu schwächen. Die SED begrüßte den Vorschlag, weil sie nicht nur zwei ihrer drängendsten Probleme gelöst, sondern auch an Unabhängigkeit gegenüber ihrer Schutzmacht Sowjetunion gewonnen hätte.

Chruschtschow ergänzte seine Forderung mit der Drohung, die Sowjetunion werde mit der DDR einseitig einen Friedensvertrag abschließen und ihr die sowjetischen Rechte hinsichtlich der Zufahrtswege übertragen, wenn die Westmächte nicht zustimmten.

Die Westmächte lehnten dieses Ultimatum ab. Als die Verhandlungen ergebnislos endeten, war jedoch deutlich geworden, dass beide Seiten nicht bereit waren, um Berlin einen Krieg zu führen. Ein gewisses Entgegenkommen bedeutete die Klarstellung des amerikanischen Präsidenten John F. Kennedy im Juli 1961, dass die westlichen Garantien nur für West-Berlin galten: Damit hatte die SED in Ost-Berlin freie Hand.

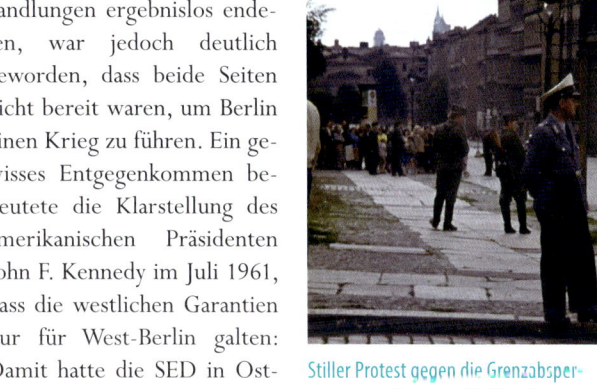

Stiller Protest gegen die Grenzabsperrung in der Bernauer Straße, 13. August 1961

Aufgrund der festen Haltung des Westens rückte die Sowjetunion von ihren Forderungen ab, gab aber denen der SED in Teilen nach: Wenn der Abschluss eines Friedensvertrages sich hinauszögere, dann müsse die Grenze zu West-Berlin – bis auf weiteres – geschlossen werden, um wenigstens die Fluchtbewegung zu stoppen. Anfang August 1961 wurde dies in Moskau beschlossen. Die Entscheidungsträger in Ost-Berlin und Moskau hofften allerdings noch, dass sie Stacheldraht und Mauer nicht lange brauchen würden. Sie rechneten weiterhin mit dem Abschluss eines Friedensvertrags, der kam jedoch erst 1990.

Als Zeitpunkt für die Grenzschließung war die Nacht auf den 13. August 1961, ein Sonntag, vorgesehen, um die Berliner im Schlaf zu überrumpeln. Mit der Entscheidung in Moskau began-

Abriegelung der Grenze an der Bernauer Straße, 15. August 1961

nen die konkreten Planungen. Diese wurden so geheim gehalten, dass die meisten Minister und hochrangigen Funktionäre in der DDR erst am Vortag davon erfuhren. Zunächst verstärkte das sowjetische Oberkommando seine Truppen in der DDR und in Osteuropa erheblich, um für den Fall gewappnet zu sein, dass die Westmächte doch eingriffen. Um Berlin herum wurden mehrere Divisionen der Nationalen Volksarmee, der Armee der DDR, in Stellung gebracht. Unabhängig von der Entscheidung zum Mauerbau verstärkte die Grenzpolizei seit Januar die Stacheldrahthindernisse an der Grenze zwischen West-Berlin und dem Umland. Am 13. August sperrten ab Mitternacht bewaffnete Soldaten, Polizisten und Milizionäre in drei Staffeln die Grenze zwischen Ost- und West-Berlin. Die Einheiten der sowjetischen Armee wurden in Alarmbereitschaft versetzt, blieben aber in den Kasernen. Einheiten der Nationalen Volksarmee gingen mit Abstand zur Grenze in Stellung. Die Grenzlinie selbst riegelten Volkspolizisten und Grenzpolizisten der DDR ab, unterstützt von Einheiten der Kampfgruppen, einer Parteimiliz der SED, in der Arbeiter und Angestellte dienten. Die SED setzte sie an diesem Tag ein, um den Eindruck erwecken zu können, das Volk selbst igele sich ein. Außer am Brandenburger Tor standen sie aber nicht in der vordersten Linie, denn auch ihnen traute die SED-Führung nicht vollständig.

Am Vormittag wurden die ersten Stacheldrahthindernisse ausgebracht, an vielen Stellen lose ausgelegte Stacheldrahtrollen, andernorts, wie nahe dem Brandenburger Tor, Zäune. Erst zwei Tage später wurden an der Bernauer Straße die ersten Mauern errichtet. Das Material dafür wurde aus dem Wohnungsbauprogramm zweckentfremdet, weil die Planungszeit zu kurz und die Geheimhaltung zu strikt waren, um vorher Material heranzuschaffen. Dabei wurden an vielen Stellen noch Stacheldrahtzäune statt Mauern gezogen und vorgefundene Baulichkeiten zu Sperren umgenutzt. Bis Ende des Jahres wurden diese um weitere Elemente ergänzt. Das geschah nicht nur überirdisch. So wurden Gitter in die Kanalisation eingebaut, um Fluchtversuche durch die unterirdischen Abwasserkanäle zu verhindern.

Mit der Mauer und den zeitgleich erheblich ausgebauten Grenzanlagen an der innerdeutschen Grenze gelang es der SED, die Fluchtbewegung weitgehend einzudämmen. Flüchteten 1960 fast 200 000 Menschen aus der DDR, waren es 1962 in Berlin nur noch 2300 und in den folgenden Jahren erheblich weniger. Die SED-Führung befand sich zunächst in einem regelrechten Siegestaumel. Sie hatte, in ihrer Wahrnehmung, dem Westen Stärke demonstriert, und sie konnte nach der erfolgreichen Abschottung die Zügel in der DDR straffer anziehen. Wo es bislang die Möglichkeit gegeben hatte, bei Konflikten mit dem Staat und seinen »Organen« in den Westen auszuweichen, was den Funktionären eine gewisse Zurückhaltung auferlegte, konnten diese jetzt durchregieren. Die Mauer erhöhte den Anpassungsdruck in der DDR erheblich.

Nach der Abschließung gegen den Westen und wegen der Drohkulisse, welche die SED aufbaute – »Mit Provokateuren wird nicht diskutiert. Sie werden erst verdroschen und dann staatlichen Organen übergeben«, lautete eine Anweisung an die FDJ-Ordnungsgruppen –, lief eine Schockwelle durch die DDR. Viele soziale Bindungen, Freundschaften und Familien, waren auf Jahre hinaus getrennt. In Berlin waren die Auswirkungen besonders fühlbar, weil hier die Beziehungen zwischen den beiden Stadthälften sowie zwischen West-Berlin und dem Umland besonders eng gewesen waren. Deshalb wuchs der Fluchtdruck in Ost-Berlin noch einmal, da trotz der mit einer Flucht verbundenen Gefahren nicht alle gewillt waren, auf ihre Lieben zu verzichten.

Auch wenn die SED die Bürger der DDR in den folgenden Wochen zwang, in Betriebs- und Nachbarschaftsversammlungen dem Mauerbau ihre ausdrückliche Zustimmung zu geben, reagierten viele zunächst mit Protest. Vereinzelt wurde gestreikt. An geschlossenen Grenzübergängen, an Umsteigebahnhöfen nach West-Berlin und auf beiden Seiten der Mauer kamen Menschen zusammen, um ihrem Unmut und ihrer Verzweiflung Aus-

druck zu verleihen. Jedoch war die SED gut vorbereitet: Nicht nur ihre Agitationskommandos waren vor Ort, auch die Staatssicherheit und Schnellkommandos der Volkspolizei, die mit Knüppeln und Wasserwerfern spontane Demonstrationen auflösten. Die polizeiliche und strafrechtliche Repression erreichte in den folgenden Monaten neue Höhepunkte. In West-Berlin demonstrierten am 16. August 1961 etwa 250 000 Menschen vor dem Schöneberger Rathaus.

Die Politiker im Westen und die Vertreter der drei Schutzmächte in Berlin hatten die Möglichkeit der Grenzschließung vorhergesehen. Sie reagierten ablehnend, sahen sich aber außerstande, der physischen Teilung Berlins entgegenzutreten. Niemand war bereit, wegen der Mauer einen Krieg zu führen, solange nicht West-Berlin betroffen war. Die USA verstärkten ihre Truppen in Berlin, um der Empörung wenigstens auf der symbolischen Ebene entgegenzukommen. Es gab diplomatische Protestnoten, und man wies darauf hin, dass die SED sich mit der Mauer selbst ein Armutszeugnis ausgestellt habe. Doch ernsthafte Reaktionen erfolgten nicht. Man begann bald, sich nolens volens mit der Situation zu arrangieren.

An der Bernauer Straße waren die Folgen besonders drastisch. Aufgrund der Nähe bekamen die West-Berliner alles hautnah mit – die Bewohner der Ost-Berliner Häuser waren ohnehin di-

Flucht der Familie Manthern aus ihrem Haus im Osten, Bernauer Straße, 17. August 1961

rekt betroffen. Auf beiden Seiten der Mauer versammelten sich Menschen, um gegen die Grenzschließung zu protestieren. Spontane Demonstrationen gab es etwa an der Eberswalder Straße und der Brunnenstraße, die sich trotz des Eingreifens der Polizei – ebenfalls auf beiden Seiten der Mauer – immer wieder neu bildeten. Sie weiteten sich allerdings nicht aus und blieben folgenlos.

Die Mauer trennte auch in der Bernauer Straße Familien und Freunde. Die Bewohner der Grenzhäuser auf der Ostseite standen vor der Frage: Gehen oder bleiben? Viele entschlossen sich zur Flucht. Bislang hatten sie, da vor ihren Haustüren die Grenze verlief, unmittelbaren Zugang zum Westen gehabt. Mit der Grenzschließung wandelte sich dies in eine privilegierte Fluchtchance. Bis zum 10. Oktober flüchteten allein in dieser Straße 113 Menschen. Am 16. August wurden die in den Westen führenden Haustüren verschlossen und Noteingänge in die hinteren Hauswände gebrochen. Einige Bewohner, die der SED als politisch unzuverlässig galten, ließ diese umsiedeln.

Die Wechselwirkung von Flucht und Gegenmaßnahmen setzte sich in schnellem Rhythmus fort. Am 19. August vernagelten Angehörige der Kampfgruppen die ersten Hauseingänge. Die Menschen sprangen aus den ersten Etagen in den Westen. Daraufhin wurden die Bewohner der unteren Etagen ebenfalls ausgesiedelt und die Fenster vermauert. Die Menschen seilten sich aus den mittleren Etagen ab, woraufhin Volkspolizisten in die leeren Wohnungen gesetzt wurden, um solche Versuche zu unterbinden. Schließlich sprangen einige aus den oberen Etagen in die Sprungtücher der West-Berliner Feuerwehr, die in den Nachbarstraßen bereitstand, um zeitnah Hilfe und Rettung zu bringen.

MORD
bleibt
MORD –
auch wenn er
befohlen
wird!

Vermauerte Hausfront an der Bernauer Straße, 1962

Dennoch kamen hier vier Flüchtlinge ums Leben: Ida Siekmann, Rudolf Urban, Olga Segler und Bernd Lünser.

Schließlich wurden im September und Oktober 1961 alle Bewohner der Grenzhäuser umgesiedelt und die zur Bernauer Straße weisenden Fenster vermauert. Es gab noch einige spektakuläre Fluchtversuche über die Dächer und durch die Keller, aber mit der Zwangsumsiedlung war die Fluchtwelle in der Bernauer Straße beendet. 1965 und 1966 wurden die Häuser bis auf einen Fassadenrest abgerissen.

Nach den Umsiedlungen trat eine gewisse Beruhigung ein. Die West-Berliner lernten auch an der Bernauer Straße, mit den entleerten Häusern auf der anderen Straßenseite in ihrer ummauerten Insel zu leben. Zu einigen Grenzsoldaten bestanden mittels über die Mauer geworfener Kassiber noch eine Weile Beziehungen. Mehrfach ließen Offiziere wegen solcher Kontakte Grenzeinheiten austauschen. Viele an der Mauer eingesetzte Polizisten und Soldaten waren mit der Grenzschließung nicht einverstanden, und einige hatten Gewissensskrupel wegen der Anweisung, auf Flüchtlinge zu schießen. Deshalb entschlossen sich einige selbst zur Flucht: Im September und Oktober 1961 setzten sich allein in Berlin 259 Grenzpolizisten ab. Als einer der ersten sprang am 15. August Conrad Schumann an der Ecke Bernauer Straße / Brunnenstraße über den Stacheldraht.

Doch die Gewöhnung blieb ambivalent. So verübte Hans-Joachim Lazai im Mai 1962 ein Sprengstoffattentat auf die Mauer an der Eberswalder Straße. Der Polizist hatte sich nicht mit der Teilung abfinden können und die verzweifelten Fluchtversuche und den Tod von Bernd Lünser miterleben müssen, der von einem Hausdach in den Tod sprang. Außerdem veränderte die Mauer West-Berlin: Die an sie anschließenden Quartiere verödeten. Das Gebiet nördlich der Bernauer Straße litt besonders unter der Teilung: Seit 1961 war es im Süden durch die Mauer von der Innenstadt abgeschnitten, die zu Ost-Berlin gehörte, im Osten und Westen verlief ebenfalls die Mauer, und im Norden war es durch einen Schienenstrang von West-Berlin getrennt, mit dem es nur durch drei Straßen verbunden war. Aus einem Teil der Berliner Innenstadt war eine Vorortlage West-Berlins geworden.

Fluchtsprung

Horst K. arbeitete bis zum 13. August 1961 im Westen; seit dem Mauerbau hatte er eine schlecht bezahlte Arbeit in Ost-Berlin. Als er im September zur Volkspolizei gehen sollte, geriet er in eine Auseinandersetzung mit einem SED-Parteisekretär, bei der er tätlich wurde. Als er kurz nach Mitternacht in seine Wohnung in der Bernauer Straße 10a heimkehrte, suchte die Staatssicherheit bereits nach ihm. Er ging zu einem Nachbarn, Heinz R., der im Haus 13a in der zweiten Etage wohnte. Von dort sprang er in ein Sprungtuch der West-Berliner Feuerwehr. Frau K. wurde nach der Flucht ihres Mannes umgesiedelt. Am 30. September ging sie mit ihrem Kind ebenfalls zu Heinz R. und folgte ihrem Mann: Sie sprangen aus derselben Wohnung nach West-Berlin.

Horst K. springt in das Sprungtuch der West-Berliner Feuerwehr, 23. September 1961

Sprung in den Tod

Das erste Opfer des Grenzregimes nach dem Mauerbau war die 1902 geborene Ida Siekmann. Sie lebte in der Bernauer Straße 48 und erlebte die Grenzschließung 1961 hautnah. Seit dem 13. August waren ständig Volkspolizisten und Angehörige der Kampfgruppen im Haus, sie kontrollierten Bewohner wie Besucher. Am 21. August wurde die Haustür dauerhaft verbarrikadiert. Davon beängstigt, entschloss sich Ida Siekmann zur Flucht.

Am Morgen des 22. August warf sie aus dem dritten Stock einigen Hausrat auf die Straße hinab, darunter ihr Bettzeug, und sprang hinterher, bevor die Feuerwehr mit einem Sprungtuch zur Stelle war. Sie verletzte sich schwer und starb auf dem Weg ins Krankenhaus. Unter großer öffentlicher Anteilnahme wurde sie beerdigt. Kurz danach errichteten West-Berliner ein Erinnerungszeichen vor dem Haus.

DDR-Bürger passieren das Mahnmal für Ida Siekmann, 11. November 1989

Das Grenzregime

Da die SED nach dem Mauerbau ihre Politik nicht änderte, bestanden politische, wirtschaftliche und soziale Motive für eine Flucht weiter. Der Zweck der Mauer blieb es daher, Fluchtversuche zu verhindern. Einige Menschen ließen sich durch Mauern und Stacheldraht nicht davon abhalten, die Flucht in den Westen zu wagen. In Reaktion darauf entwickelte sich die anfänglich lineare Grenzbefestigung zu einem komplexen Sperrsystem, in das verschiedene Elemente integriert waren und das unablässig verfeinert wurde. Unabhängig von der Art und der Staffelung der Sperren war ihr Zweck jedoch nur zu erreichen, wenn sie von Bewaffneten in großer Dichte bewacht wurde. Mauern und andere Hindernisse kann fast jeder übersteigen, erst die Drohung mit der Schusswaffe der an der Mauer eingesetzten Grenzsoldaten machte eine Flucht unwägbar und gefährlich.

Zwischen 1961 und 1989 wurde unablässig an der Mauer gebaut. Der Ausbau geschah in vier unterschiedlichen Modalitäten: erstens planvolles Bauen nach Vorgaben der SED-Führung und konkreter Planung durch die Stäbe der Grenztruppen; zweitens ein stetiger kleinteiliger Ausbau unter lokaler Leitung; drittens das ständige Erneuern schadhaft gewordener Elemente, wobei teilweise modernere Anlagen ältere ersetzten; und viertens die Veränderung der Grenzsperren aufgrund der systematischen Auswertung gelungener Fluchten und unterbundener Fluchtversuche durch die Grenztruppen und die Staatssicherheit der DDR.

Den Ausbau beförderte eine besondere Handlungslogik in den Grenztruppen. Die Offiziere hatten sich für jede gelungene

Werner Wittig, 1. Sekretär der SED-Bezirksleitung Potsdam, und Generalmajor Bernhard Geier, Kommandeur des Grenzkommandos Mitte, beraten mit Grenzoffizieren über den Ausbau der Grenze, ca. 1972

Flucht persönlich zu verantworten und mussten mit disziplinarischen Strafen rechnen. Deshalb beschrieben sie in ihren Berichten den jeweiligen Ausbauzustand der Grenzanlagen oft als unzureichend, so schon im Vorhinein eine Entschuldigung für jede Flucht vorbringend. Ihre Vorgesetzten erhielten solche Berichte gehäuft und lasen sie als Alarmmeldungen, woraufhin sie weitere Ausbaumaßnahmen in Auftrag gaben.

Bei den Grenzanlagen lassen sich drei Ausbaustufen unterscheiden, die jedoch an verschiedenen Orten zu unterschiedlichen Zeiten umgesetzt wurden. Da die politischen Entscheidungsträ-

Sprengung der Versöhnungskirche, 21. Januar 1985

ger in Ost-Berlin und Moskau zunächst damit rechneten, die Mauer bald nicht mehr zu benötigen, und die Vorbereitungen aus Geheimhaltungsgründen unzureichend waren, ist die erste Bauphase bis 1965 von Improvisation gekennzeichnet. Es gab noch kein übergreifendes Konzept, und die Sperranlagen sahen an unterschiedlichen Orten jeweils anders aus.

Als klar wurde, dass es einen Friedensvertrag so bald nicht geben würde und dass die Fluchttendenzen in der DDR anhielten, begannen 1962 Überlegungen zu einer Systematisierung. Bis Ende 1964 wurden Pläne für einen dauerhaft konzipierten Grenzstreifen und eine neue Mauer erarbeitet. Die SED nannte diese zweite Ausbaustufe die »moderne Grenze«. Ausgerichtet waren die Planungen auf Effizienzsteigerung. Die neue Mauer aus übereinander angeordneten Betonplatten wurde zentral geplant. Dahinter entstand ein Grenzstreifen – im Westen »Todesstreifen« genannt – mit einem baulichen Abschluss zur DDR-Seite hin, der unterschiedliche Sperrelemente gestaffelt integrierte. Dieser hermetisch geschlossene und gleichförmige Grenzstreifen wurde seit 1965 um ganz West-Berlin herum errichtet, nachdem ein Mustergrenzstreifen außerhalb von Berlin getestet worden war.

Die dritte Bauphase begann etwa 1980. Seit 1973 war die DDR Mitglied der UNO und international anerkannt. Die Mauer wurde der SED-Führung in ihrer Wirkung auf die Weltöffentlichkeit zunehmend peinlich, weshalb bei der letzten Ausbaustufe neben der Effizienz ästhetische Kriterien eine größere Rolle spielten. Die 1974 einsetzenden Planungen sahen vor, dass sie weiterhin als politisches Instrument gegen die Freizügigkeit der DDR-Bürger funktionieren, aber weniger brutal aussehen sollte. Wieder ließ die Grenztruppenführung einen Mustergrenzstreifen errichten und verschiedene Mauertypen umfangreichen Tests unterziehen. Sportler, die Flüchtlinge darstellten, probierten die »Sperrfähigkeit« aus. Gebaut wurde der neue Grenzstreifen mit der »Grenzmauer 75«, aber weniger zusätzlichen Sperrelementen als zuvor, ab 1977. Der Bau zog sich weit in die 1980er-Jahre hinein. Die letzten Elemente wurden im Herbst 1989 an der Eberswalder Straße verbaut, bevor man sie im November für den ersten neuen Grenzübergang wieder herausbrach. Der dritten Bauphase fiel die seit 1961 eingemauerte Versöhnungskirche zum Opfer: Sie wurde im Januar 1985 gesprengt.

Im voll ausgebauten Zustand enthielt der 40 bis 100 Meter breite Grenzstreifen Anfang der 1980er-Jahre folgende Sperrelemente und Einbauten:

- Hinterlandsicherungszaun aus Streckmetall oder Hinterlandmauer als Begrenzung zur DDR,
- in 2 bis 5 Metern Abstand ein Signalzaun,
- in fluchtgefährdeten Abschnitten zusätzliche Signalgeräte oder Hundelaufanlagen,
- in einigen Grenzabschnitten Zweimannbunker,
- »Flächensperren« (Metallgitter, auf denen nach oben weisende Metalldornen angebracht waren), die Flüchtlingen die Beine brechen sollten,
- ein Postenweg von etwa 3,50 Metern Breite, auf dem sich die Grenztruppen im Grenzstreifen bewegten,
- Beobachtungstürme und Führungstürme für die Kommandeure der Grenzsicherung,
- Lichtmasten zur durchgehenden Ausleuchtung des Grenzstreifens,
- ein unterirdisch verlegtes Telefonnetz,
- ein geharkter Sandstreifen zur Spurensicherung,
- in Beton eingelassene Stahligel oder ein Sperrgraben als Kraftfahrzeugsperre,
- nahe dem eigentlichen Grenzverlauf die von West-Berlin aus sichtbare Grenzmauer.

Die »Grenzmauer 75«, deren Reste heute noch stehen, war 3,60 Meter hoch und mit einer Rohrauflage von 40 Zentimetern Durchmesser versehen, um ein Übersteigen zu erschweren. Jedes Segment war 1,20 Meter breit, wog 2,75 Tonnen und kostete 831,50 Mark der DDR.

Ohne bewaffnete Grenzsoldaten wären auch diese aufwendigen Sperren wenig effizient geblieben. Über 10 000 Mann bewachten 1989 die Mauer in Berlin im Dreischichtbetrieb. In der

1,4 Kilometer langen Bernauer Straße waren in den 1960er-Jahren pro Schicht etwa 30 Mann eingesetzt, Mitte der 1980er-Jahre im Regelbetrieb nur noch zwölf auf fünf Beobachtungstürmen und im stillgelegten U-Bahnhof.

Die meisten Grenzsoldaten, zumeist Wehrpflichtige, nahmen das Grenzregime zwar als gegeben hin, wussten aber um seine moralische Fragwürdigkeit. Insbesondere die Anweisung, auf Flüchtlinge zu schießen, wenn anders eine Flucht nicht zu verhindern war, brachte einige in Gewissenkonflikte. Sie wurden von der Propaganda und ihren Vorgesetzten unter Druck gesetzt. Die meisten retteten sich mit der Hoffnung über ihre Dienstzeit, sich nie entscheiden zu müssen, ob sie schießen würden. Bei denjenigen, die tatsächlich an der Mauer auf zumeist unbewaffnete und unbescholtene Mitbürger schossen, bestimmten eingeübte Handlungsabläufe, militärischer Zwang, die Erfahrung der Überwachung und die Angst vor Strafe das Handeln. Andere hielten den Druck nicht aus und entzogen sich der Diktatur endgültig, indem sie selbst in den Westen gingen.

Das von der SED installierte Grenzregime beschränkte sich nicht auf die Mauer, sondern erstreckte sich zunehmend auf die gesamte DDR. Die Grenztruppen arbeiteten eng mit der Volkspolizei und der Staatssicherheit zusammen. Im Raum hinter der Mauer installierten sie ein dichtes Netz von koordinierten Kontrollen, an dem sich zahlreiche Menschen beteiligten. In den Volkspolizeirevieren nahe der Mauer waren Polizisten dauerhaft dafür abgestellt, entlang der Mauer Streife zu laufen und Verdächtige zu kontrollieren. Ihre Freiwilligen Helfer, normale Bürger, die nach Feierabend im Überwachungssystem mitmachten, und die Helfer der Grenztruppen liefen ebenfalls Streife. Bei Fluchtalarm senkte sich ein enges Netz von Uniformierten aller beteiligten Behörden mit genau definierten Standorten auf die mauernahen Gebiete, die bei der Festnahme Hand in Hand arbeiteten. Gesteigert im letzten Jahrzehnt der DDR, beteiligte sich auch die zivile Verwaltung an der Bekämpfung dieser »Feinde«. Schließlich sollte in Grenzsicherheitsaktiven und ähnlichen Gremien die Grenzbevölkerung selbst für eine Beteiligung am Grenzregime gewonnen werden. Tatsächlich kamen die meisten »Republikflüchtlinge« in den 1970er- und 1980er-Jahren nicht einmal bis zur Mauer – etwa 80 Prozent von ihnen wurden weit vorher verhaftet.

Das Ziel war es, Flüchtlinge möglichst schon beim Verlassen ihrer Wohnung zu verhaften. Das setzte eine flächendeckende

Überwachung der Bevölkerung voraus, die zwar Utopie blieb, aber angestrebt wurde. Die Staatssicherheit, die gleichzeitig wiederum die Grenzsoldaten und die Volkspolizisten überwachte, musste, um potenzielle Flüchtlinge als solche erkennen zu können, mit Hilfe anderer Behörden sehr viel Wissen über möglichst viele DDR-Bürger zusammentragen. Deshalb wurde die Fluchtverhinderung Mitte der 1970er-Jahre ihre zentrale Aufgabe, kurze Zeit später kamen die Ausreiseantragsteller hinzu. Die Angst vor der Flucht ihrer Bürger wurde ein zentrales Handlungsmotiv der SED-Führung in Sicherheitsfragen. Sie definierte die Maßnahmen dagegen als gesamtgesellschaftliche Aufgabe, an

Ein Grenzsoldat und ein Helfer der Grenztruppen auf Streife in einer Kleingartenanlage, September 1965

deren Erfüllung sich alle Bürger beteiligen sollten. Die SED-Führung nahm Flüchtlinge seit dem Mauerbau zunehmend als Gefahr für den Staat und als Fünfte Kolonne des Westens wahr, und Fluchtverhinderung wurde nahezu der geheime Staatszweck der DDR.

Dynamiken der Propaganda

»Ich wende mich besonders an diejenigen, die zum Dienst in den militäri-schen Formationen des Zonenregimes verpflichtet worden sind. Mein Auf-ruf, mein Appell an alle Funktionäre des Zonenregimes, an alle Offiziere und Mannschaften der militärischen und halbmilitärischen Einheiten: Lasst euch nicht zu Lumpen machen! Zeigt menschliches Verhalten, wo immer es möglich ist. Und vor allem, schießt nicht auf eure eigenen Lands-leute.«

Willy Brandt, Regierender Bürgermeister von West-Berlin,
Rede am Schöneberger Rathaus, 16. August 1961

»Ich sage, jeder Schuss aus der Maschinenpistole eines unserer Grenzsi-cherungsposten zur Abwehr solcher Verbrechen rettet in der Konsequenz Hunderten von Kameraden, rettet Tausenden Bürgern der DDR das Leben und sichert Millionenwerte an Volksvermögen. Ihr schießt nicht auf Bru-der und Schwester, wenn ihr mit der Waffe den Grenzverletzer zum Halten bringt. Wie kann der euer Bruder sein, der die Republik verrät, der die Macht des Volkes antastet! Auch der ist nicht unser Bruder, der zum Fein-de desertieren will. Mit Verrätern muss man sehr ernst sprechen. Verrätern gegenüber menschliche Gnade zu üben heißt unmenschlich am ganzen Volk zu handeln. Und man muss in dieser unserer Zeit an jener Stelle, an der wir stehen, nämlich an der Nahtstelle zwischen den beiden Welten, der Welt des Friedens hier und der Welt des Krieges, um des Friedens willen entschieden handeln.«

Albert Norden, Propagandachef im Politbüro des SED-Zentral-
komitees, Rede vor der Grenzbrigade Berlin, 30. September
1963

Flucht eines Grenzsoldaten

Am Abend des 1. August 1962 hatte der Grenzsoldat Jörg S. an der Swinemünder Straße Dienst. Es war in seiner Einheit bekannt, dass er wenig von den Zuständen in der DDR hielt und seinen Dienst an der Mauer unwillig verrichtete. Er hatte mit zwei Freunden in seiner Heimatstadt Mühlhausen die gemeinsame Flucht verabredet. S. hatte Dienst an dem Zaun, der den Grenzstreifen gegen Ost-Berlin hin abschloss. Er ließ seine beiden Freunde passieren, die in ein Gebäude nahe der Mauer gingen. Unter einem Vorwand folgte S. ihnen und rief kurze Zeit später seinen Postenführer. Als dieser den Innenhof erreichte, wurde er von S. und seinen Freunden niedergeschlagen. Sie gingen zurück zur Straße, wo jetzt niemand mehr ihre Flucht verhindern konnte, und überstiegen Zaun und Mauer zur Bernauer Straße.

Nachgestellte Fluchtszene vom 1. August 1962

Fluchtweg, 1. August 1962

Die Fluchtbewegung

1961 war eine Flucht durch die lückenhaften Sperranlagen noch möglich, wenn auch bereits mit Gefahren verbunden; so kamen etwa drei Viertel der Flüchtlinge in den Westen. In den Wochen nach dem Mauerbau versuchten viele Menschen, gefangen zwischen der Erkenntnis, die Absperrung werde dauerhaft sein, und dem verzweifelten Wunsch, ihre Beziehungen im Westen nicht aufzugeben, an der entstehenden Mauer einen Grenzübertritt zu verhandeln. Klara E. bat die Grenzposten, »Erbarmen mit ihr zu haben«. Siegrid O. aus Leipzig drängte ebenfalls, sie nach West-Berlin zu lassen. H. bot den Grenzsoldaten 50 Mark, wenn sie ihn hinüberließen. Sie wurden verhaftet, teils erst dann, wenn sie auf ihrem Wunsch bestanden, andere schickten die Grenzsoldaten einfach weg. Die hilflos wirkenden Versuche zeigen erneut die Malaise, in welche der Mauerbau viele Menschen gebracht hatte. Anderen dagegen gelang die Flucht, die leichter wurde, wenn man direkt an der Mauer beschäftigt war. Norbert Raasch war zum Vermauern der Fenster eingesetzt, und Rudolf K. sollte bei der Räumung einer Wohnung helfen, als sie in den Westen sprangen.

Aufgrund der vermehrten Hindernisse an der Grenze und der wachsenden Gefahr, die mit einem Fluchtversuch verbunden war, begannen bald nach dem Mauerbau West-Berliner, oftmals Studenten, die selbst aus der DDR stammten, ihre Freunde und Angehörigen bei der Flucht zu unterstützen. Sie besorgten etwa Pläne der unterirdischen Kanalisation, schickten Leute nach Ost-Berlin, die die Flüchtlinge unterirdisch nach West-Berlin

Rainer Pekar nach der Überwindung der Grenzanlagen an der Bernauer Straße; sein Freund blieb verletzt im Grenzstreifen zurück, 1977

führten, während andere hinter ihnen die Kanaldeckel schlossen, damit die Polizei diesen Fluchtweg nicht entdeckte. Diese Wege wurde im Oktober 1961 versperrt, als die SED die Abwasserkanäle vergittern ließ.

Fluchthelfer sammelten Pässe und gaben diese an ähnlich aussehende DDR-Bürger weiter, die damit in den Westen gelangten. Bei ausländischen Pässen war das aufwendig, weil Geld und Kleidung aus dem betreffenden Land mitgeliefert werden mussten, um bei der Kontrolle glaubwürdig zu wirken. Diese Methode war bis Februar 1962 erfolgreich, danach wurden die nach Ost-Berlin einreisenden Ausländer registriert und bei der Ausreise gegengecheckt. Seitdem setzten Fluchthelfer Flüchtlinge

57 Menschen gelang an der Bernauer Straße die Flucht durch einen Tunnel; eine junge Frau kriecht in Richtung Westen, 3./4. Oktober 1964

mit Pässen westlicher Staaten, die für sie verändert worden waren, auf Fähren, die Häfen in Schweden und Dänemark anliefen. Andere wiederum benutzten umgebaute Autos, um Flüchtlinge versteckt zu transportieren.

Der langwierigste und arbeitsreichste, aber auch der am wenigsten gefahrvoll scheinende Weg nach Westen lag unter der Erde: der Bau von Fluchttunneln. Mehrere Helfer arbeiteten drei bis sechs Monate an einem Tunnel. In Berlin wurden etwa 75 gegraben, einige davon von den Flüchtlingen selbst, andere von der Westseite aus. Letzteres bot mehr Chancen auf Erfolg, weil der Abraum entsorgt und ein Einstieg gegraben werden musste. Das und das Graben selbst waren im Westen besser zu verheimlichen, da die DDR-Behörden natürlich nichts mitbekommen durften.

Nur 18 der Tunnel ermöglichten je eine Gruppenflucht, andere mussten aufgegeben werden, weil sie von der Staatssicherheit oder den Grenztruppen entdeckt oder weil sie verraten worden waren. Allein 15 Tunnel wurden an der Bernauer Straße begonnen, weil hier die Bodenbedingungen besser waren und der Grenzstreifen schmal, aber nur drei davon waren erfolgreich.

Einen quasi natürlichen Fluchtweg boten die U- und S-Bahn-Linien, die früher Ost- mit West-Berlin verbunden hatten. Deren Fahrtunnel waren seit 1963 ebenfalls mit ausgeklügelten Sperrmechanismen ausgestattet, sodass nur Ortskundige eine Chance auf Erfolg hatten. Im Herbst 1966 etwa versuchten zwei Männer aus Halle (Saale), durch die U-Bahn-Linie 8 nach West-Berlin zu gelangen. Im U-Bahnhof Heinrich-Heine-Straße durchbrachen sie mehrere Sperrmauern, um auf die Gleise zu kommen. Als sie in Richtung Westen gingen, lösten sie einen stillen Alarm aus. Daraufhin wurden zwei Gruppen Grenzsoldaten in Marsch gesetzt, welche die Flüchtlinge etwa 25 Meter vor der Grenzlinie festnahmen. Auf sie wartete eine mehrjährige Haftstrafe.

Einfache Fluchtmöglichkeiten schienen die zahlreichen Grenzgewässer zu bieten. Allein zwischen Ost- und West-Berlin verlief die Grenze auf 12 von 45 Kilometern am Wasser. Die Ufer der Grenzgewässer waren seit dem August 1961 mit Zäunen und anderen Sperren versehen worden. Seit Juni 1962 wurden auch in den Grenzgewässern Sperren angelegt, nachdem eine Gruppe Ost-Berliner den Ausflugsdampfer »Friedrich Wolf« am Osthafen nach West-Berlin entführt hatte. Die technische Aufrüstung und die bessere Bewachung zeitigten auch an der Wassergrenze, die für Flüchtlinge einfach zu bewältigen schien, mehrere Todesopfer.

Die meisten Flüchtlinge versuchten jedoch, den Grenzstreifen zu durchqueren und die Sperren zu überwinden. Das setzte sie der relativ großen Gefahr einer Entdeckung aus, woraufhin Grenzsoldaten sie entweder festnahmen oder durch Beschuss zur Aufgabe ihrer Fluchtabsicht zwangen. Einige Hindernisse, wie die weithin am Fuß der Mauer ausgelegten Dornenmatten, konnten schwere Verletzungen bewirken. Da die meisten Flüchtlinge sich kurzfristig entschlossen, hatten nur wenige Hilfsmittel dabei, um die Sperren zu überwinden, weshalb die meisten Fluchtversuche zum Scheitern verurteilt waren. Grenzer verhafteten sie, und viele kamen ins Gefängnis. Heinz-Jürgen L. etwa versteckte sich an der Strelitzer Straße, um eine günstige Möglichkeit abzupassen. Er wurde entdeckt, beschossen und verhaftet. So erging es auch einem Mann aus Limbach im März 1970. Er hatte an der Strelitzer Straße die Hinterlandmauer überstiegen und bewegte sich in Richtung Grenzmauer. Grenzsoldaten beschossen ihn vom Turm aus. Verletzt brachten sie ihn in ein Krankenhaus und übergaben ihn der Staatssicherheit.

Zwischen Mauerbau und Mauerfall gelang trotz aller Schwierigkeiten und Gefahren 40 000 Menschen die Flucht durch die Grenzanlagen an der innerdeutschen Grenze und in Berlin, davon 5000 an der Berliner Mauer. Allein in der Bernauer Straße gab es wahrscheinlich 300 Fluchtversuche. Weitere 30 000 Menschen wurden von der Bundesrepublik aus den Gefängnissen der DDR freigekauft. Mehr als eine halbe Million DDR-Bürger gelangten auf weniger gefährlichen Wegen bis Ende 1988 in den Westen, davon fast die Hälfte mit einer Ausreisegenehmigung, die Mehrheit jedoch kehrte von genehmigten Westreisen nicht zurück.

Die meisten Fluchtversuche gingen allerdings schlecht aus.

Zwölf Menschen saßen in dem Bus, dessen Flucht unter Beschuss am innerstädtischen Grenzübergang Invalidenstraße scheiterte, 15. Mai 1963

Schätzungsweise 75 000 Menschen wurden bei den Vorbereitungen oder bei der Flucht verhaftet. Sie hatten Haftstrafen von mehreren Monaten oder Jahren zu erwarten, einige bis zu acht Jahre. Mindestens 101 Flüchtlinge kamen in Berlin ums Leben, mehr als die Hälfte durch Kugeln von Grenzsoldaten, die anderen verunglückten bei der Flucht. Mit Günter Litfin wurde nahe dem heutigen Hauptbahnhof am 24. August 1961 der erste Flüchtling in Berlin erschossen, mit Chris Gueffroy am 5. Februar 1989 der letzte. Weitere 31 Menschen wurden Opfer der Mauer, und acht Grenzsoldaten starben im Dienst entweder durch Schüsse von Flüchtlingen und Fluchthelfern oder sie wurden versehentlich von Kameraden erschossen.

Fluchtversuch über den Friedhof

Im Oktober 1969 versuchten Karl-Heinz B. und Gerd W., über den Sophienfriedhof zu fliehen. Sie hatten den Hinterlandzaun, dessen Signalanlage nicht funktionierte, bereits überwunden und krochen über den Kontrollstreifen, als Grenzsoldaten im Wachturm an der Ackerstraße sie bemerkten. Diese begannen sogleich zu schießen; sie gaben zusammen 35 Schüsse ab. Die Flüchtlinge, die unverletzt blieben, gingen hinter der Kraftfahrzeugsperre in Deckung. Dort wurden sie festgenommen, nachdem einer der Flüchtlinge versucht hatte wegzukriechen. Presseberichten zufolge wurde er mit einem Gewehrkolben niedergeschlagen. Die Flüchtlinge wurden in das Volkspolizeirevier an der Brunnenstraße gebracht. Zwei Schüsse hatten das etwa 300 Meter entfernte Postamt am Nordbahnhof getroffen.

Spur der Flüchtlinge im Grenzstreifen am Sophienfriedhof, 1969

Fluchthelfer beim Bau des Tunnels 29

Beteiligt an Fluchttunneln in der Bernauer Straße waren Luigi Spina und Domenico Sesta. Beide waren aus Italien nach Berlin gekommen, um an der Technischen Universität zu studieren. Sie wurden Fluchthelfer, weil sie einen Studienfreund aus der DDR in den Westen bringen wollten. Mit einem weiteren Freund begannen sie, von einem Fabrikgelände aus einen Tunnel zu graben. Nach und nach erweiterte sich die Truppe auf über 40 Mann. Sie finanzierten das aufwendige Projekt, indem sie die Filmrechte am Tunnelprojekt an die amerikanische Fernsehgesellschaft NBC verkauften. Außerdem fanden sie Unterstützung durch Kontaktleute eines westdeutschen Geheimdienstes. Nach Fertigstellung des Tunnels benachrichtigten Kuriere die Flüchtlinge in Ost-Berlin. Im September 1962 gelangten durch diesen Tunnel 29 Menschen in den Westen.

Joachim Rudolph, geboren 1938, wuchs in Berlin auf. Er erlebte die Zeit des Ost-West-Schleichhandels, an dem seine Mutter beteiligt war, und den Aufstand im Juni 1953. Weil sich seine Studienwünsche in der DDR nicht realisieren ließen und er dem zunehmenden Anpassungsdruck nach dem Mauerbau entgehen wollte, flüchtete er im September 1961 bei Lübars durch die Grenzsperren nach West-Berlin. Er setzte sein Studium an der Technischen Universität fort und wurde von Studenten angesprochen, ob er anderen Flüchtlingen helfen wolle. Mit Freunden schloss er sich der Fluchthelfertruppe an, die an der Bernauer Straße einen Tunnel grub. Mehrere Monate lebte er neben seinem Studium im Wortsinne im Untergrund. Nach dem Erfolg des Tunnels 29 arbeitete Rudolph bei weiteren Tunnelprojekten mit.

Flucht durch die Grenzsperren

Dieter H. hatte bei den DDR-Behörden einen Ausreiseantrag gestellt, der abgelehnt wurde. Er verbüßte eine aus politischen Gründen verhängte zweijährige Haftstrafe. Nach seiner Entlassung entschloss er sich zur Flucht. Er hatte sich eine Steckleiter gebaut, mit der er am Abend des 19. November 1986 an der Brunnenstraße die Hinterlandmauer überstieg. Obwohl er beim Durchtrennen des Signalzauns Alarm auslöste, wurden die Grenzsoldaten erst auf ihn aufmerksam, als er die Grenzmauer schon fast erreicht hatte. Dieter H. überwand die Mauer mit der Leiter unbeschadet, obwohl eine Streife von der Wolliner Straße aus zwölf Schüsse auf ihn abgab. Die Grenzsoldaten im Wachturm Strelitzer Straße schossen nicht. Beim Sprung von der Mauer brach sich Dieter H. beide Fersen, aber er hatte es geschafft.

Fluchtweg von Dieter H., Bernauer Straße, nahe Brunnenstraße, 8. April 1986

Fluchtversuch mit einem Lkw

Je länger das Grenzregime andauerte, desto aufwendiger wurden Fluchtversuche. Am 8. April 1989 versuchte der 1964 geborene Jan-Michael G., mit einem schweren Lastwagen, den er in Treptow gestohlen hatte, die Mauer zu durchbrechen. Er scheiterte an einer neuartigen Sperre. Seit dem Rückbau von Grenzsperren in den 1980er-Jahren gab es in der Wahrnehmung der Grenztruppen Sicherheitslücken: Durchbrüche mit schweren Fahrzeugen waren möglich geworden. Sie erdachten eine »Seilsperre«. Sie bestand aus zwei durch ein Seil verbundenen Betonklötzen, die sich beim Durchbrechen an die Reifen legten: Das Fahrzeug konnte weder vor noch zurück. G. war mit seinem Lastwagen fast bis zur Bernauer Straße gekommen, als er sich in einer dieser neuen Sperren verfing. Er wurde verhaftet.

Lastwagen, in einer »Seilsperre« gefangen, 1989

Der Mauerfall

Die SED-Führung hatte ihr Modell für die Gesellschaft in der DDR umgesetzt, ohne die Bevölkerung mitreden zu lassen. Sie glaubte, das bessere Deutschland zu verkörpern. Opposition gegen ihre Diktatur hatte es jedoch immer gegeben. Berliner aus beiden Stadthälften beteiligten sich an den Protesten gegen die Spaltung der Stadt im Herbst 1948. Im Juni 1953 kulminierte die in der DDR verbreitete Unzufriedenheit nach dem Tode Josef Stalins in einem landesweiten Aufstand, der mit Hilfe der sowjetischen Armee nach wenigen Tagen niedergeschlagen wurde. Innerhalb der Partei hielt sich bis in die 1950er-Jahre eine gewisse Distanz gegenüber der Führung. Viele Bürger der DDR waren weiterhin kirchlichen und bürgerlichen Wertvorstellungen verbunden. Angesichts von Repression und sowjetischen Truppen einerseits und vielfältigen Angeboten zur politischen Integration und für ein soziales Fortkommen andererseits fanden die Oppositionskräfte keine ausreichende Basis und blieben, wie die hilflosen Proteste gegen den Mauerbau, ohne Erfolg.

Die Situation änderte sich langsam in den 1970er- und schneller in den 1980er-Jahren. Nachdem unabhängige Köpfe wie Robert Havemann oder Rudolf Bahro Alternativentwürfe für einen moderneren und volksnahen Sozialismus publiziert hatten und daraufhin mundtot gemacht wurden, entwickelte sich unter dem Eindruck westlicher Vorbilder eine oppositionelle Bewegung aus unabhängigen Umwelt-, Friedens- und Frauengruppen, die zumeist bei der evangelischen Kirche Unterschlupf fanden. Jugendliche, die sich in Alltagsdingen bevormundet fühlten und

Demonstration auf dem Alexanderplatz, 4. November 1989

den westlichen Lebensstil, den sie im Fernsehen und im Radio erlebten, für attraktiver hielten, entfremdeten sich zunehmend von dem Lebensmodell, das die SED für sie vorgesehen hatte. In der breiteren Bevölkerung, insbesondere in der jüngeren Generation, verbreitete sich ein wachsendes Unbehagen angesichts verrottender Maschinen in den Fabriken, eingeschränkter Konsummöglichkeiten und verfallender Innenstädte. Viele gewannen

den Eindruck, dass ihr Land, entgegen den offiziellen Versprechen und Verlautbarungen, sich auf dem absteigenden Ast befand. Sie wünschten sich ein funktionierendes Gemeinwesen und sahen in der Bundesrepublik, welche die meisten aus den Medien kannten, eine positive Alternative.

Dissidenten, durch staatliche Repression aufgebrachte junge Menschen und eine desillusionierte Bevölkerung fanden sich 1989 zu einer wachsenden Protestbewegung zusammen. Zunächst auf Reformen und Mitbestimmung ausgerichtet, änderten die Proteste im Herbst 1989 unter dem Eindruck einer zunehmenden Flucht- und Ausreisebewegung ihren Charakter. Die SED-Führung verlor in der Bevölkerung jeden Rest an Glaubwürdigkeit. Anders als die kommunistische Partei in China, die im Sommer 1989 Proteste blutig niederschlagen ließ, griff sie nach ersten Polizeieinsätzen gegen Demonstranten für den Machterhalt letztlich nicht zur Gewalt, was ihr letzter Ausweg gewesen wäre. Sie musste Anfang November zurücktreten. Das neue Politbüro beschloss eine teilweise Öffnung der Grenze, woraufhin die Mauer am 9. November unter dem Ansturm der Bürger zusammenbrach. Damit hatte die Diktatur der SED ihre wichtigste Stütze und die Protestbewegung ihre Kraft verloren. Da kompetente und unbelastete Eliten fehlten und die Bevölkerung sich eine schnelle Verbesserung ihrer Lebensverhältnisse wünschte, mündete die demokratische Revolution in der Aufnahme der ostdeutschen Länder in die Bundesrepublik.

»Mauerspechte«, 17. November 1989

Die Gedenkstätte

Die Gedenkstätte an der Bernauer Straße ist aus bürgerschaftlichem Engagement entstanden. Sie besteht aus heterogenen Elementen aus verschiedenen Zeitschichten und öffnet sich in den Stadtraum. Dass überhaupt eine Gedenkstätte zur Erinnerung an die Berliner Mauer und die mit ihr verbundenen Geschichten und Schicksale entstehen würde, war 1989 nicht vorauszusehen. Dabei machte die Mauer gerade einen Wandel in ihrem Symbolgehalt durch: von einem Herrschaftsinstrument zu einem Sinnbild für die Freiheit. Gerade deshalb suchten sich die »Mauerspechte« Teile der Mauer zu sichern: Die Stücke waren ein Beweis für das Ende der Diktatur.

Der Chef des Mauermuseums am Checkpoint Charlie, Rainer Hildebrandt, meinte noch im Juni 1990, die Mauer werde wohl »kein spezifisches Reiseziel« werden. Statt authentische Relikte zu erhalten, schlug er einen Nachbau auf 900 Quadratmetern vor, an dem »politischer Bildungsunterricht« erteilt werden sollte. Damit sprach er vielen aus der Seele. Obwohl Willy Brandt und andere schon im November 1989 gefordert hatten, Teile der Mauer als materielles Zeugnis für Teilung und Diktatur zu erhalten, wollten die Berliner die Mauer so schnell wie möglich loswerden. Der Abriss war Weihnachten 1990 abgeschlossen.

Zuvor waren jedoch vier Abschnitte unter Denkmalschutz gestellt worden, allerdings nur der Abschnitt an der Bernauer Straße in der gesamten Tiefe des Grenzstreifens. Damit konnte man nur an dieser Stelle die Staffelung der Grenzsperren noch erkennen, während andernorts allein die Grenzmauer der Nachwelt überliefert war. Die Bernauer Straße war seit 1961 Ort des Konflikts, des Protests und des Gedenkens gewesen – und eines internationalen Mauertourismus. Deshalb waren Geschichten und Erinnerungen mit diesem Ort verbunden. Schließlich hatte die 1990 einsetzende intensive Bautätigkeit den früheren Grenzstreifen hier noch verschont. Gegen eine Gedenkstätte an der Bernauer Straße formte sich jedoch lokaler und politischer Widerstand.

Nachdem der Senat 1991 die Errichtung der Gedenkstätte beschlossen hatte, endete 1994 ein Wettbewerb zu ihrer

Das Gedenkstättenareal vor dem Ausbau, 1995

Gestaltung. Die Jury fand die eingereichten Beiträge unzureichend und vergab zwei zweite Plätze, aber keinen ersten. Bund und Land entschieden sich für den Vorschlag der Architekten Kohlhoff + Kohlhoff, einen Teil der Mauer und des Grenzstreifens durch zwei sieben Meter hohe Stahlwände einzufassen. Man erwartete, dass das Gelände neben dem Denkmal bald bebaut werden würde, und meinte deshalb diese Einschließung zu benötigen. Die innen angebrachten Spiegelwände sollten helfen, sich die Unendlichkeit der ganz West-Berlin umschließenden Mauer

Aussichtsturm am Dokumentationszentrum (links), Blick von dort auf das Denkmal mit erhaltenem Grenzstreifen und Beobachtungsturm der Grenztruppen.

vorzustellen. 1998 wurde das Denkmal fertiggestellt und eingeweiht.

Es wurde 1999 ergänzt durch eine Ausstellung im Dokumentationszentrum. Das 1965 errichtete Gebäude hatte bis dahin der Versöhnungsgemeinde als Gemeindezentrum gedient. Die Gemeinde hatte unterdessen auf der Grundfläche der gesprengten Kirche einen Lehmbau als Gotteshaus errichtet, das im November 2000 eingeweiht wurde. Die Kapelle der Versöhnung ergänzt die Erinnerungslandschaft an der Bernauer Straße. Seit 2003 gehört ein Turm mit Aussichtsplattform zum Dokumentationszentrum. Von diesem lässt sich der nicht überformte Grenzstreifen zwischen den Stahlwänden lesen wie ein Modell im Maßstab 1:1. Zwischen 1990 und 2004 war in den Konflikten um die Gedenkstätte eine uneinheitliche Erinnerungslandschaft entstanden, deren Elemente sich zwar ergänzten, aber nicht eindeutig aufeinander bezogen.

Unterdessen war in Berlin die Überzeugung gewachsen, dass man der Erinnerung an die Mauer mehr Raum geben müsse, um sich seiner Geschichte zu vergegenwärtigen. Zu dieser Einsicht trug bei, dass 2004 die Installation von über tausend Kreuzen am Checkpoint Charlie ausgerechnet zu einer Zeit provoziert hatte, als eine Koalition regierte, an der die PDS, die Nachfolgepartei der SED, beteiligt war. Die Auseinandersetzung um die Erinnerung an die Mauer war somit Teil eines politischen Konflikts. Darüber hinaus war dem wachsenden Besucherstrom, der sich in die Bernauer Straße ergoss und nach einem gestalteten Raum der Erinnerung suchte, darunter viele ausländische Touristen, Rechnung zu tragen. Im Sommer 2006 legte der Berliner Senat ein Gesamtkonzept zur Erinnerung an die Mauer vor, das eine deutlich erweiterte Gedenkstätte an der Bernauer Straße als Kern einer dezentralen Erinnerungslandschaft vorsah. Aufgabe des 2007 ausgelobten Wettbewerbs war es, eine Sprache für die Lesbarkeit des historischen Ortes zu finden, in dem die bislang entstandenen Elemente aufgehen konnten.

Von 2009 bis 2014 wurde im ehemaligen Grenzstreifen auf 4,4 Hektar, mit einer Länge von 1,3 Kilometern ein Gedenkstättenareal gestaltet. Die Dauerausstellung bietet die nötigen Informationen, um sich am historischen Ort das sich verändernde Grenzregime der DDR und seine Auswirkungen zu vergegenwärtigen. Die Ausstellung ist konsequent an den konkreten Ort zurückgebunden: Berichtet werden fast ausschließlich Ereignisse aus der Bernauer Straße, und sie werden genau dort erzählt, wo sie stattgefunden und Spuren hinterlassen haben. Gleichzeitig sollen die überlieferten Relikte der Grenzanlagen in ihrer Funktion verständlich werden. Die Ausstellung bleibt bewusst fragmentarisch und verzichtet auf eine durchgehende Erzählung, damit jeder sich ein eigenes Bild machen kann. Die Fakten sollen für sich sprechen. Auch wurde der Versuchung nicht nachgegeben, mittlerweile fehlende Elemente der Grenzanlagen zu rekonstruieren. Nachbauten jeder Art hätten den historischen Ort zerstört und ihm jede Beweiskraft für die Geschichte genommen.

Die Gestaltung des Raums und die Ausstellung bewegen sich auf fünf Ebenen:

1. Deutlich als solche erkennbare Nachzeichnungen ersetzen Grenzanlagen in Dimension und Ausdehnung, wo sie verloren gegangen sind. Auch die Gebäude, die wegen der Mauer abgerissen wurden, und die unterirdischen Fluchttunnel sind im Boden nachgezeichnet.

2. In archäologischen Fenstern lassen sich sowohl ältere Schichten der Grenzsperren entdecken als auch die durch die Mauer zerstörten urbanen Strukturen. In einem zerstörten Grenzhaus werden die Geschichten der Bewohner und ihrer Nachbarn erzählt.

3. Eine multimediale Ausstellung schildert die Ereignisse und erläutert zurückhaltend ihre Hintergründe. Das Gedenkstättenareal gliedert sich in vier thematische Bereiche (siehe Karte am Ende des Bandes).

4. Ereignismarken ergänzen die Ausstellung dort, wo weitere Informationen sie überfrachtet hätten. Sie weisen auf weitere Geschichten hin, die in einem Feldbuch und in einer mobilen Website ausführlich dargestellt werden.

5. Das Fenster des Gedenkens ist der Erinnerung an die Todesopfer der Berliner Mauer gewidmet.

2009 wurden das Besucherzentrum und die Ausstellung zu den Grenz- und Geisterbahnhöfen im Nordbahnhof eröffnet. Seit 2014 gibt es zudem eine einordnende Ausstellung im Dokumentationszentrum. Mittlerweile kommen jährlich etwa eine Million Besucher zur Gedenkstätte in der Bernauer Straße.

Manfred Fischer, Pfarrer und Initiator der Gedenkstätte

Manfred Fischer übernahm, aus Frankfurt am Main kommend, 1975 die Versöhnungsgemeinde im Berliner Wedding. Ein Teil der Gemeinde gehörte seit langem zu Ost-Berlin, und ihr westlicher Teil wurde durch den Flächenabriss des Stadtviertels zu dieser Zeit weitgehend ausgetauscht. Die Kirche stand im Grenzstreifen und wurde 1985 gesprengt. Nachdem die Mauer gefallen und nahezu alle in Berlin ihrer Reste so schnell wie möglich ledig sein wollten, engagierte sich Fischer über Jahre für die Erinnerung an die Teilung und für den Erhalt der Mauerreste. Pläne des Senats, am früheren Grenzstreifen eine Schnellstraße zu bauen, lehnte er ab. Sein kämpferisches Engagement führte gegen erhebliche Widerstände zur Gründung der Gedenkstätte. Fischer starb, mittlerweile vielfach geehrt, kurz nach seiner Pensionierung im Dezember 2013.

Manfred Fischer (Mitte) auf der ersten Pressekonferenz zur Gedenkstätte Berliner Mauer, links neben ihm Helmut Trotnow, rechts Christoph Stölzl, 13. August 1990

Praktische Informationen (Stand April 2018)

Gedenkstätte Berliner Mauer

Bernauer Straße 111

13355 Berlin

Telefon: 030 467 98 66 66

info@stiftung-berliner-mauer.de

www.berliner-mauer-gedenkstaette.de

Öffnungszeiten:

Ausstellung im Gedenkstättenareal:

täglich 8 – 22 Uhr

Besucherzentrum und Dokumenta-

tionszentrum:

Dienstag – Sonntag 10 – 18 Uhr

Grenz- und Geisterbahnhöfe im

geteilten Berlin:

während der Öffnungszeiten des

S-Bahnhofs Nordbahnhof

Der Eintritt zu allen Ausstellungen ist frei.

Gedenkandachten für die Todesopfer der

Berliner Mauer:

März – Dezember, Dienstag – Freitag 12 Uhr

Kapelle der Versöhnung, Bernauer Straße 4

Mobile Website (Touren im Gedenkstät-

tenareal): www.berliner-mauer.mobi

Gedenkstätte Günter Litfin

Kieler Straße 2

10155 Berlin

www.gedenkstaette-guenter-litfin.de

Öffnungszeiten:

im Sommer jeden Samstag und Sonntag

Gruppenführungen nach Anmeldung

unter (030) 467 98 66 23

Erinnerungsstätte Notaufnahmelager Marienfelde

Marienfelder Allee 66/80

12277 Berlin

Telefon (030) 75 00 84 00

info-enm@stiftung-berliner-mauer.de

www.notaufnahmelager-berlin.de

Öffnungszeiten:

Dienstag – Sonntag 10 – 18 Uhr

Der Eintritt zu allen Ausstellungen ist frei.

East Side Gallery

Mühlenstraße 3 – 100

10243 Berlin

Literatur

Bornhorst, Sarah/Elena Demke (Hg.):
Die Berliner Mauer. Quellen, Fragen,
Kontexte, Berlin 2011 (Werkstatt DDR-
Geschichte für die Schule 4).

Dollmann, Lydia/Manfred Wichmann
(Hg.): Fotografieren verboten! Die Berliner
Mauer von Osten gesehen, Berlin 2015.

Giec, Ole/Frank Willmann (Hg.): Mauer-
krieger. Aktionen gegen die Mauer in
West-Berlin 1989, Berlin 2014.

Harder, Matthias: Szenen und Spuren
eines Falls. Die Berliner Mauer im Fokus
der Photographen, Berlin 2009.

Hauswald, Harald: Goodbye Ostberlin,
Leipzig 2016.

Henke, Klaus-Dietmar (Hg.): Die Mauer.
Errichtung, Überwindung, Erinnerung,
München 2011.

Hertle, Hans-Hermann: Chronik des
Mauerfalls. Die dramatischen Ereignisse
um den 9. November 1989, Berlin 1996.

Hertle, Hans-Hermann: Die Berliner
Mauer, Monument des Kalten Krieges,
Berlin 2007.

Hohmuth, Jürgen: »Keine besonderen
Vorkommnisse«. Als die Mauer offen war:
Die Jahre 1989 und 1990. Fotografien von
Jürgen Hohmuth, Berlin 2015.

Klausmeier, Axel (Hg.): Die Berliner
Mauer. Ausstellungskatalog der Gedenkstätte Berliner Mauer, Berlin 2015.

Kupfernagel, Matthias: Die Berliner
Mauer 1989. Fotografien der Berliner
Mauer, Dezember 1989 bis März 1990,
Berlin 2011.

Maurer, Jochen: Dienst an der Mauer. Der
Alltag der Grenztruppen rund um Berlin,
Berlin 2011.

Port, Andrew I.: Die rätselhafte Stabilität
der DDR. Arbeit und Alltag im sozialisti-
schen Deutschland, Berlin 2010.

Ritter, Jürgen / Peter Joachim Lapp: Die Grenze. Ein deutsches Bauwerk, 9. Aufl., Berlin 2015.

Rott, Wilfried: Die Insel. Eine Geschichte West-Berlins 1948–1990, München 2009.

Sabrow, Martin (Hg.): Erinnerungsorte der DDR, Bonn 2010.

Sälter, Gerhard: Grenzpolizisten. Konformität, Verweigerung und Repression in der Grenzpolizei und den Grenztruppen der DDR (1952–1965), Berlin 2009.

Sälter, Gerhard / Manfred Wichmann (Hg.): Am Rand der Welt. Die Mauerbrache in West-Berlin in Bildern von Margret Nissen und Hans W. Mende, Berlin 2018.

Sälter, Gerhard / Tina Schaller (Hg.): Grenz- und Geisterbahnhöfe im geteilten Berlin, 3. Aufl., Berlin 2017.

Schöne, Jens: Ende einer Utopie. Der Mauerbau in Berlin 1961, Berlin 2011.

Schroeder, Klaus / Jochen Staadt (Hg.): Die Todesopfer des DDR-Grenzregimes an der innerdeutschen Grenze 1949–1989. Ein biographisches Handbuch, Frankfurt am Main 2017.

Stiftung Berliner Mauer / Zentrum für Zeithistorische Forschung (Hg.): Die Todesopfer an der Berliner Mauer 1961–1989. Ein biographisches Handbuch, Berlin 2009.

Wilke, Manfred: Der Weg zur Mauer. Stationen der Teilungsgeschichte, Berlin 2011.

Bildnachweis

Der Autor

Gerhard Sälter

Jahrgang 1962, Historiker, 2000 Promotion, Leiter der Abteilung Forschung und Dokumentation in der Stiftung Berliner Mauer, von 2012 bis 2015 Mitarbeiter der Unabhängigen Historikerkommission zur Geschichte des BND, zahlreiche Veröffentlichungen, u. a. zum Ministerium für Staatssicherheit und zur Berliner Mauer, zur Geschichte der Geheimdienste und des BND.

Chronik

1948–1949	Erste Berlin-Krise, Blockade und Luftbrücke, das Grenzregime in Berlin entsteht
26. Mai 1952	Schließung der innerdeutschen Grenze
17. Juni 1953	Volksaufstand in Ost-Berlin und der DDR
27. November 1958	Beginn der zweiten Berlin-Krise
13. August 1961	Grenzschließung, Beginn des Mauerbaus in Berlin
17. Dezember 1963	Erstes Passierscheinabkommen ermöglicht West-Berlinern Besuche in Ost-Berlin
1965	Beginn des Ausbaus eines einheitlichen Grenzstreifens
1971/72	Viermächteabkommen, Transitabkommen, Grundlagenvertrag
18. September 1973	Aufnahme der Bundesrepublik und der DDR in die UNO
1975	Konferenz für Sicherheit und Zusammenarbeit in Europa (KSZE) in Helsinki
1977	Ausbau mit der »Grenzmauer 75« beginnt
21./28. Januar 1985	Sprengung der Versöhnungskirche
9. November 1989	Grenzöffnung, Fall der Mauer
18. März 1990	Erste freie Volkskammerwahl in der DDR
2. Oktober 1990	Denkmalschutz für ein Stück der Mauer in der Bernauer Straße
3. Oktober 1990	Deutsche Vereinigung
13. August 1991	Berliner Senat beschließt die Errichtung der Gedenkstätte
13. August 1998	Einweihung des Denkmals zur Erinnerung an die Teilung
9. November 1999	Eröffnung des Dokumentationszentrums
9. November 2000	Einweihung der Kapelle der Versöhnung
2007–2014	Neugestaltung und Erweiterung der Gedenkstätte Berliner Mauer

Bereich C
Der Bau
der Mauer

Bereich B
Die Zerstörung der Stadt

Bereich A
Die Mauer und
der Todesstreifen

Dokumentations-
zentrum

Bernauer Straße

Park am Nordbahnhof

Besucherzentrum

Kapelle der
Versöhnung

Denkmal

Strelitzer Straße

Ausstellung
im Nordbahnhof

Fenster
des Gedenkens

Elisabethfriedhof

Ackerstraße

Sophienfriedhof

Gartenstraße